AF397436

Kirsten Terhoff

# KÖNIGINNEN ERWACHEN®

## Weckruf
## an die Frauen
## der Neuen Zeit

„Kirsten hat die Gabe, den
Schleier vor dem geistigen
Auge zu öffnen."

„Liebe Kirsten, ich danke dir von Herzen. Dafür, dass du mich erinnert hast, wer ich in Wahrheit bin. Dass du mich daran erinnert hast, mich wieder zu fühlen und auch das Leben zu fühlen. Dass du mich erinnert hast, wie es sich anfühlt, verbunden mit sich selbst zu sein und wieder Vertrauen zu sich selbst zu haben. Du schaffst es, innere Räume mit Liebe, Leichtigkeit und Vertrauen zu öffnen und Du hast mich daran erinnert, in aller Liebe, meine Krone wieder aufzusetzen.
Danke Kirsten, dass du deinen Platz eingenommen hast und dadurch anderen die Hand reichen kannst, damit jede Königin sich erinnert.
Möge dieses zauberhafte Buch viele wunderbare Herzen erreichen.“

Gianna Boers (Coachee))

# Inhaltsverzeichnis



**Danke!!!**

nehme Deine Hand und führe Dich ein Stück, damit Du
Dich erinnern kannst.

„Ich sehe dich, Königin,
und ich bin hier, um Dich
an Deine Krone zu erinnern.“

# 2. Königinnenerwachen®
# Wie alles begann

Ich schließe meine Augen – Stille -  plötzlich bin ich in einem neuen Raum oder eher in der Natur, nicht konkret zu fassen. Ich höre Trommeln – kräftig, stark, fast wie ein großer Herzschlag. „Das ist der Herzschlag von Mutter Erde", kommt es mir in den Sinn. Ich kann ihn in meinem eigenen Herzen spüren.

Und dann sind sie plötzlich da: Frauen, unzählige Frauen, meine Ahninnen und noch ganz viele mehr. Weise Frauen, alte Frauen, Frauen, wie sie vielfältiger kaum sein können. Und sie alle haben nur die eine Botschaft für mich:

## „Finde die Königinnen der neuen Zeit!"

Dieses Erlebnis in einer Meditation im Jahr 2021 ist tief in mein Herz gesunken und hat mein Wirken völlig verändert. Es ist seitdem mein beruflicher Leitstern, denn ich habe die Botschaft nicht nur vernommen, ich habe sie angenommen und sofort begonnen sie umzusetzen.

Auch vorher  habe ich schon jahrelang Frauen begleitet, doch ab diesem Zeitpunkt hat mein Wirken eine andere Dimension bekommen. Das ist nicht mehr „nur" die Aufgabe, Frauen in ihre Kraft zu bringen. Ich habe sofort gespürt, es geht jetzt um mehr. Um uns Menschen als Kollektiv. Es geht um das Erwachen von uns Frauen zu Königinnen, damit wir  voran gehen. Ich bin gekommen, um Frauen zu erinnern, denn Königinnen erinnern sich in diesen Zeiten immer mehr, warum sie hier sind. Oftmals beginnt dieses Erinnern mit einer tiefen Sehnsucht

Also mach es Dir gemütlich, öffne Dein Herz, damit meine Worte nicht nur Deinen Verstand berühren, sondern Deine Seele. Fühle sie mit jeder Zelle Deines Körpers und Deines Herzens und lass Dich dabei stärken in der Gewissheit, dass Du nicht alleine bist.

**„You may say, I`m a dreamer.**
**But I`m not the only one.“**
**(John Lennon)**

Ich habe einen Traum. Ich sehe eine neue Welt. Eine Welt, in der Gemeinschaft wieder gelebt wird, ein Miteinander zum Wohle eines jeden Einzelnen. Ich träume davon, dass wir Menschenkinder wieder mit einem Leuchten in den Augen und einem lachenden Herzen unsere Gaben – unser Potential – in die Welt geben. Kein „Arbeiten“ nur um Geld zu verdienen (wer „dient“ hier eigentlich wem?) oder um sein „Auskommen“ zu haben, sondern ein Erschaffen und voller Freude tätig sein. Die eigene Schöpferkraft wieder entdecken und voller Begeisterung leben.

Ich träume davon, dass die Kinder endlich wieder mit Neugier spielerisch lernen und sich entfalten dürfen, entsprechend ihres ganz individuellen Seelenplans. Von Anfang an dürfen diese Seelen, die uns anvertraut wurden, das gemeinsame Miteinander statt ein Gegeneinander erleben. Ein neues WIR, den Kindern vorgelebt von uns Erwachsenen, von Beginn ihres Lebens an. Nicht Gewinnen gegen den Anderen um jeden Preis, sondern gemeinsam Lösungen finden, die allen dienen.

Ich träume davon, dass wir wieder im Einklang mit den Tieren, mit Mutter Natur und ihren Rhythmen leben. Nahrung darf uns wieder nähren, indem wir sie frisch und naturbelassen, voller Dankbarkeit zu uns nehmen. Kein Fast-Food, keine Fertiggerichte in denen sich teils ungeheuerliche Zutaten finden, die alles andere als förderlich für unsere Körper sind und den Namen Lebensmittel nicht mehr verdienen. Stattdessen Frisches aus Gärten, die voller Liebe bewirtschaftet werden.

Ich träume von einer Wunder-vollen (im wahrsten Sinne des Wortes) entschleunigten Zeit, in der das Genießen, Sonnenauf- und -untergänge und die kleinen und großen Wunder der Natur wieder Raum in unserem Leben bekommen.

Eine Welt, in der wir dem Biorhythmus unserer Körper ebenso folgen, wie alle anderen freien Wesen auf diesem Planeten.

Ich träume von uns Frauen, wie wir im Kreis am Feuer sitzen, miteinander lachen, weinen, unsere Weiblichkeit zelebrieren und heilen, unsere Visionen teilen und uns gegenseitig unterstützen.

Und ich sehe Männer, die sich ebenso in ihrer neuen Männlichkeit gegenseitig entdecken, heilen, stärken und die wissen, dass sie den Frauen und auch dem weiblichen Anteil in sich einen sicheren, vertrauensvollen Rahmen geben dürfen, damit Heilung für alle geschieht. Kollektiv. Menschenfamilie. Königinnen und Könige, die sich alle ihrer Schöpferkraft bewusst sind und sie zum Wohl der Gemeinschaft einsetzen.


Die weibliche Kraft übernimmt die Führung auf diesem Planeten Erde. Das spüren viele Frauen, Königinnen, die diesen Ruf annehmen und auch Männer, die des

Wenn Du diesen gemacht hast, dann drückt sich das Neue sofort durch Dich aus. Der Raum der neuen Möglichkeiten ist offen und das Leben wartet nur darauf, dass wir ihn vertrauensvoll betreten. Mit diesem entscheidenden Bewusstseinssprung verändert sich Deine Art zu denken, zu fühlen und zu handeln sofort. Du kannst dann gar nicht mehr anders, denn das Neue wirkt so frisch, inspirierend und richtig. Dann gibt es keine Zeit mehr für Zweifeln und Zögern.

Weil es ein Bewusstseinssprung ist, den wir nicht auf „Knopfdruck" vollziehen können, mache ich Dir nachfolgend bewusst, welche Themen unser konditionierter Verstand so oft noch auf die gewohnte Art sieht, wenn er kritisiert und zweifelt. Doch wisse, das sind innere Beschränkungen, die Dich im Alten halten wollen. Nimm sie wahr, aber gib dem Neuen Deine Kraft, folge Deiner Sehnsucht. Weil Du Dir Deiner Schöpferkraft als Königin bewusst bist, kannst Du diese Entscheidung fällen und den Weg ab sofort gehen.
Ich empfehle Dir, dieses Buch zweimal zu lesen. Einmal im Gesamten, um Dich mit den Themen vertraut zu machen. Beim zweiten Mal nimmst Du nur die Passagen des Erinnerns. Du liest Dich quasi in einen neuen Zustand der Möglichkeiten, schwingst Dich ein in die Frequenz des Neuen, ohne die Ablenkung durch Themen, die vielleicht noch nicht gelöst sind.
Du verbindest Dich dann mit den Möglichkeiten der Zukunft, so dass dieses Erinnern daran Dich führen wird die Schritte zu tun, die Dich auf diesen Zustand zugehen lassen.
Es geht. Vertraue! Erlaube es Dir und Erinnere Dich!

Wege erst vor unserem inneren Auge erscheinen, wenn wir beginnen loszulaufen. Du wirst nicht schon am Anfang wissen, wohin Du gehst und wie Dein Ziel aussieht.

Spürst auch Du häufig eine Sehnsucht, wie ein Rufen aus der Tiefe Deines Herzens? Du spürst, dass Du für etwas Anderes hier bist, etwas bewegen willst, ja geradezu sollst? Vertraue darauf, dass dieser Ruf echt ist. Er will Dich erinnern. Das Leben ruft Dich, Deinen wahren Platz einzunehmen. Erinnere Dich, wofür Du wirklich hier bist. Das beinhaltet eine Menge an „Ent-Wicklung" und Mut. Denn den Wenigsten von uns ist es in die Wiege gelegt worden die eigene Größe anzuerkennen und zu leben. „Entspanne Dich in Deine Größe hinein" ist nicht einfach nur ein Satz oder eine Übung, die Du einmal machst und dann verinnerlicht hast. „Ich entspanne mich in meine Größe hinein" kann Dich wie ein tägliches Mantra begleiten und Dich dabei daran erinnern, dass Du Dich nicht kleinhalten musst, dass Du gut genug bist und es verdienst, Dich in voller Größe auszuleben und zu zeigen.

Wie schon erwähnt sind die Konditionierungen, die uns Frauen klein gehalten haben, jahrhundertealt und über Generationen weitergegeben worden. Und dabei geht es nicht nur um die ganz offensichtlichen Themen der letzten Jahrzehnte wie zum Beispiel das Wahlrecht für Frauen oder die Unabhängigkeit im beruflichen Selbstausdruck.

Die meisten Mütter sind heute an der Grenze ihrer Kräfte angelangt, oft in dem Versuch Doppelrollen zu erfüllen, Kaum ist eine Mutter „nur" Mutter, wenigstens mal eine

Zeit lang. Diese Rolle erfährt auch von uns Frauen selbst oft nicht mehr die Wertschätzung, die es braucht.

Ich meine dabei den Preis, den wir aktuell dafür zahlen, wenn das Muttersein nicht mehr Raum, Ausgleich und Unterstützung bekommt, sei es durch uns persönlich und auch gesellschaftlich.

Und die Unterdrückung der natürlichen weiblichen Kräfte ist oft noch viel subtiler. Sind jahrelange Gaben von künstlichen Hormonen – sei es zur Verhütung oder zum „Ausgleich" der Wechseljahre - wirklich von der Natur vorgesehen oder kann es sein, dass da etwas schief läuft, was wir einfach vergessen haben in Frage zu stellen? Geht das nicht anders?

Unser Körper ist von sich aus so weise. Männer und Frauen haben unterschiedliche Körper und daraus resultierend andere Bedürfnisse.

Wenn Du einmal eine Sensibilität für dieses Thema bekommen hast, wenn Du es schaffst, Dich mit Deiner Dir innewohnenden weisen Weiblichkeit zu verbinden, dann wirst Du verstehen, dass es jetzt einen kraftvollen Durchbruch in vielen Bereichen braucht! Keine Fortsetzung der Vergangenheit mehr, sondern eine Bewusstseinsrevolution.

Wir dürfen keine Zeit mehr verschwenden aus falscher Bescheidenheit, Unsicherheit, Angst oder Zweifel.

Ich möchte Dir mit diesem Buch zeigen, was möglich ist, was entstehen darf, damit Du den Weg schneller gehen kannst. Damit Du Deiner inneren Stimme zuhörst, die Energieräuber Deines Lebens endlich erkennst und Dich traust aus Deinem vollen Potential heraus zu schöpfen. Damit du weißt, dass Du nicht alleine bist. Holen wir uns jetzt unsere Kraft zurück und übernehmen die volle Verantwortung für unser Leben. Wir, die wir die

Zurück zu Dir. Bist Du vielleicht gerade frisch getrennt und Dein ganzes Leben scheint Kopf zu stehen? Halte inne und werde Dir Deiner Werte bewusst. Was willst Du ab jetzt leben? Wer willst Du, kannst Du sein? Aus diesem Neuanfang kannst Du wie ein Phoenix aus der Asche emporsteigen. Genauso, falls Du Deinen alten Job verloren hast oder einfach nicht mehr ausleben kannst. Werde offen wie ein Kind. Heiße den Neuanfang aus vollem Herzen willkommen!

Liebes, egal wie Deine Lebenssituation gerade ist. Gib nicht auf, mache nicht einfach weiter wie immer, denn Mutter Erde braucht uns, damit der Wandel geschehen kann. Wir als Menschenfamilie brauchen uns, auch Dich, denn sonst würdest Du dieses Buch wahrscheinlich nicht genau jetzt in Deinen Händen halten.
Und auch wenn Du bis jetzt vielleicht das Gefühl hattest, mit Deiner Sehnsucht alleine zu sein. Sei Dir sicher, Du bist nicht allein.


**Erinnere Dich
an Deine innere Königin:**

Ich lade Dich ein, Dich zu erinnern, indem Du es Dir bequem machst und die nachfolgenden Worte, vorbei an den Wächtern des Verstandes, tief in Dein Herz dringen lässt. Lass mit jedem Atemzug los und schenke Deinen Gedanken weniger Aufmerksamkeit. Stattdessen bringe Deinen Fokus auf das Spüren Deines Körpers und das Beobachten Deiner Atemzüge. Schaffe innerlich Platz für das folgende Bild der Königin:

Königin nicht mehr zurückkehren zu ihrer alten Version. Ab jetzt, wo sie sich komplett angenommen hat und bereit ist ihren Seelenweg zu gehen, hat sie eine ewig treue Weggefährtin gefunden. Die Liebe. Eine Liebe für sich selbst, für die Menschen, ihre Wege, für das Leben und die Existenz an sich. Und das macht die Königin jetzt so leuchtend.

Du erkennst eine Königin am Strahlen ihrer Augen. Sie wirkt wie ein Leuchtturm in dunklen Zeiten.

Die Menschen, die ebenso eine Sehnsucht in ihrem Herzen spüren, suchen ihre Nähe, oft ohne wirklich zu wissen warum. Denn hier können sie in Kontakt kommen mit der bedingungslosen Liebe. In der Nähe einer Königin kommt dieses „Alles-ist-gut-Gefühl" auf, ein Gefühl endlich gesehen zu werden ohne sich erklären zu müssen. Das innere Kämpfen pausiert für eine Weile. Die Menschen wollen einfach nur eine Zeit lang in ihrer Nähe sein, sich entspannen und sich fühlend erinnern mit einem Berührtsein im Herzen.

Denn was auch immer Deine individuelle Aufgabe ist, eins ist uns allen gemeinsam. Königinnen inspirieren, laden ein an die eigene Größe zu glauben, wirken und bewirken Veränderung und geben der Vision von einer besseren Welt Raum. Egal wie sehr die Welt da draußen gerade verrücktspielt oder nicht mehr funktioniert. Oder sogar gerade deshalb.

Wir dürfen nicht aufgeben, uns nicht zurückhalten, denn die Menschen brauchen uns, besser gesagt wir brauchen uns. Wir geben der Vision einer besseren Welt Raum und Gestalt und geben anderen so die Hoffnung, dass es möglich ist.

Spüre, wie es sich anfühlt, Dir Deiner Gabe, Deines Talentes, das Du mit in dieses Leben gebracht hast, bewusst zu sein. Du bist bereit ins Licht zu treten, Deiner Seele Ausdruck zu verleihen und Dich in voller Größe zu zeigen. Dabei ist Dein Antrieb auch, jedoch nicht vorrangig, persönlicher Erfolg. Deine Motivation kommt aus dem Bewusstsein für etwas Größeres wirken zu wollen.

Die Existenz will und darf sich in ihrer ganzen Schönheit auch durch Dich ausdrücken. Dafür sind wir Menschen da und Du spürst es.

Die Zeit drängt, die Welt da draußen erlaubt kein Warten mehr. Also lass uns gemeinsam loslaufen und die Reise zu Deinem inneren Königspalast beginnen.

Nimm einfach meine Hand und lass Dich durch die Themen führen.

Ich sehe Dich Königin und ich bin hier um Dich an Deine Krone zu erinnern.

# 4. Die Königin und ihr Körper

Selbstliebe – Körperweisheit – Lebendigkeit – Selbstfürsorge – Gesundheit – Lebenskraft – Rituale – Nahrung - nährend – genährt sein - Lebensenergie

„Ich sehe Dich Königin und Du bist so schön!"

Warum kann ich das sagen, ohne Dich je gesehen zu haben? Weil ich um die einzigartige Schönheit unserer Seelen weiß und auch weiß, dass diese Schönheit sich verkörpern möchte, als Mensch ausdrücken möchte. Nur viel zu viele Schichten haben sich häufig darüber gelegt. Ich begegne immer noch zu selten Frauen, die sich vollkommen wohl in ihrem Körper fühlen. Die ihren Körper annehmen, ihm danken und gut für ihn sorgen. Hier ist so viel Lebensfreude möglich. Ich möchte an dieser Stelle einfach Deinen inneren Blickwinkel verändern, Deinen liebevollen Zugang zu Deinem physischen Körper aktivieren und Dich einladen Deine Beziehung zu ihm wie eine Art Liebesbeziehung zu gestalten, denn es geht genau darum. Deine Selbstliebe zu entdecken und zu leben, so dass es nicht mehr vorrangig um Ernährungsregeln und Sport als notwendiges Übel geht, sondern darum, Deinen Körper vollkommen anzunehmen und zu ehren.

DU bist gut so, wie Du bist. Du bist vollkommen. Du bist wertvoll. Du bist liebenswert. Du bist willkommen.

Chemielaboren kommen. Dabei hat uns Mutter Natur eine Vielfalt an gesunder Nahrung zur Verfügung gestellt, die uns auf allen Ebenen tief nährt, nicht nur unseren physischen Körper.

Es ist so wichtig, dass wir wieder einen Bezug zu dem aufbauen, was wir zu uns nehmen, womit wir uns nähren. Denn es gibt einen ganz klaren Zusammenhang, der sich auch in dem altbekannten Spruch „Du bist, was Du isst" widerspiegelt: Je mehr wir uns von natürlicher Nahrung entfernen, desto mehr entfernen wir uns auch von der Verbindung mit unserer Körpernatur.

Zu Deiner Körperweisheit gehört natürlich auch das Anerkennen, dass wir rhythmische und zyklische Wesen sind. Besonders wir Frauen sind durch unseren natürlichen Zyklus eingewebt in die großen Rhythmen der Natur. 28 Tage, wie ein Mondzyklus, die Gezeiten von jeher. Idealerweise würden wir uns diesem Rhythmus hingeben und die unterschiedlichen Körperenergien in diesen vier Wochen ausleben. Denn nicht jede Woche eignet sich dabei um mit voller Power nach außen zu gehen.

Und es wirken so unzählige Kräfte auf unseren weiblichen Körper, dass für viele Frauen ein ganz normaler Zyklus nicht mehr zu existieren scheint, sondern dieses Thema oft schon in jungen Jahren eine Herausforderung ist – sei es durch Schmerzen, eine übermässig starke Blutung oder sonstige Beeinträchtigungen, die so eigentlich nicht vorgesehen sind.

Denn die zyklischen Prozesse unseres Körpers werden oft nicht nur ignoriert, sondern z.B. durch hormonelle

Verhütung unterdrückt und mit ihm unsere heilige Weiblichkeit. Dieses passiert schon oft kurz nach Beginn der Pubertät, bevor ein Mädchen auf dem Weg zur jungen Frau sich überhaupt mit den zyklischen Vorgängen ihres Körpers vertraut gemacht hat, indem sie diese spürt und erst einmal annimmt, sich als Frau annimmt.

Ganz abgesehen davon, dass unsere schnelllebige Gesellschaft oft gar keine Raum gibt für eine „langsamere" Woche.

Außerdem wird unser Zyklus stark beeinflusst durch äußere Einflüsse, wie Gifte, die in unseren Körper gelangen und dort Schaden anrichten. Eine Schwermetallbelastung mit zum Beispiel Quecksilber oder Blei ist etwas, wovon so gut wie jeder in unserer westlichen Zivilisation betroffen ist. Das Tückische daran ist, dass unser Körper Schwermetalle nicht von alleine wieder ausscheiden kann. Sie sammeln sich immer mehr im Körper, in den Organen, sogar im Gehirn an, werden mehr und richten dort Schäden an, die zu scheinbar nicht erklärbaren Symptomen führen können.

Ich spreche aus Erfahrung, denn ich bin in meinen Zwanzigern jahrelang mit einer sehr hohen Schwermetallbelastung und starken körperlichen Symptomen herumgelaufen. Ausgelöst durch das ungeschützte Austauschen aller meiner Zahnfüllungen aus Amalgam war mein Körper mit Quecksilber überflutet und entwickelte Autoimmunsymptome. Erst nachdem ich auf dieses Thema gestoßen war und mich um eine Ausleitung gekümmert habe, verschwanden meine Symptome. Inzwischen mache ich vierteljährlich eine Detox-Woche als liebevolle Eigenfürsorge.

Ernährung und Unterdrückung der Impulse Deines Körpers. Eine gigantische Werbeindustrie, bei der es um Profit, aber nicht um unsere Gesundheit geht beeinflusst schon unsere Kinder. Falls Dein Körperzustand gerade nicht Deinem Wunsch entspricht, nimm doch einfach einmal die innere Haltung ein, dass Du es mit einem Freund zu tun hast, der Dich um Hilfe bittet. Bist Du bereit für ihn da zu sein und Veränderungen umzusetzen, damit es ihm gut geht, damit es Dir gut geht?

Ich lade Dich an dieser Stelle wieder zu einem kleinen Gedankenexperiment ein.

## Erinnere Dich
## an Deine aktivierte Körperweisheit

Erinnere Dich. Atme bewusst und komm zur Ruhe. Stell Dir einmal vor und spüre dann mit jeder Zelle und all Deinen Sinnen: Deine Körperweisheit ist in vollem Maße aktiviert und Dein Körper schickt Dir ganz klare Signale, was er jetzt braucht, welches Obst, Gemüse, Getreide und Lebensmittel ihm dienlich sind, um stark, energievoll und immerwährend gesund zu bleiben. Er gibt Dir Signale, wann er Bewegung braucht, frische Luft und Natur, wann es Zeit ist eine Pause in Ruhe und Entspannung einzulegen.
Stell Dir weiter vor, Du hörst auf Deine Körperweisheit. Deine neue Art Dich zu ernähren macht Dich nicht nur satt, sondern nährt dich auf einer ganz tiefen Ebene. Deine neue Art mit Deinem Körper zu leben und ihn zu achten lässt auch Deinen Geist entspannen.

Digital-Detox, um zu spüren, spüren, spüren! Lass uns gemeinsam dazu beitragen, dass wir Frauen uns wieder mit unserem Körper anfreunden, ihn und seine Rhythmen ehren, dieses Wunderwerk endlich wieder als solches anerkennen. Gemeinsam erschaffen wir Räume für eine heilige Weiblichkeit, jede auf ihre Art.

Für manche Königin ist es eine persönliche Reise und Verbindung, manche von uns lehren diese Weisheit und Heiligkeit und bringen Frauen damit wieder in Kontakt, manche nehmen im übertragenen Sinne die Mädchen an die Hand und für manche ist es die Aufgabe, viele Frauen zusammen zu bringen, und gemeinsam unsere Weiblichkeit zu heilen und zu ehren.

Tief in Dir weißt Du welche Rolle Dir dabei zukommt und falls es noch nicht an die Oberfläche gelangt ist, habe ein bisschen Geduld. Dieses Buch trägt dazu bei, dass Dein Erinnern stärker wird und Du lernst Deiner inneren Führung wieder mehr zu vertrauen!


**Erinnere Dich
an Deinen ureigenen Rhythmus:**

Ich lade Dich ein, Dich zu erinnern. Mach es Dir bequem, entspanne Dich. Atme tief und gleichmäßig, jedes Ausatmen ist wieder ein Loslassen des Alten in Dir. Und dann lass folgendes Bild in Dir entstehen, bis Du es wirklich, wirklich spürst.

Stell Dir einen Tag vor, an dem Du dann aufstehst, wenn Dein Körper bereit ist, weil er sich in der Nacht gut erholen konnte. Du fühlst Dich ausgeschlafen und voller Vorfreude auf einen neuen Tag und nimmst Dir als erstes die Zeit, morgens schon zu spüren, was Du heute brauchst und wo Deine Seele sich heute hinbewegen will. Du nimmst Kontakt auf, zu Deinen geistigen Helfern, Deinem unsichtbaren Team, vielleicht durch ein kleines Ritual, eine Meditation, ein paar Minuten, in denen Du die Stille der Nacht fortsetzt. Du weißt, dass auch heute wieder ein wundervoller Tag wird, ein Tag voller Wunder. Stell Dir weiter vor, Du sorgst danach in einem Ritual voller Dankbarkeit für Deinen Körper, indem Du ihn bewegst, pflegst und ehrst. Vielleicht mit 3 Sonnengrüßen aus dem Yoga, mit einem liebevollen Blick in den Spiegel und einem Eincremen, das Du ganz bewusst und dankbar ausführst und spürst.

Du ehrst Deinen Körper weiter, indem Du ihm die vitale Nahrung zukommen lässt, die er wirklich braucht.

Und dann widmest Du Dich Deinen Aufgaben, welche auch immer auf Dich warten. Voller Freude und in einer gewissen Hingabe, denn für Dich ist das Universum Dein eigentlicher „Auftraggeber". Du gehst in dem, was Du tust auf, vernetzt Dich mit anderen Menschen, die ebenfalls inspiriert sind und für die Neue Welt vorangehen. Deine Vision leitet Dich auch durch diesen Tag.

Du hast gleichzeitig immer wieder die Möglichkeit eine Pause einzulegen, in der Du zum Beispiel die Sonne genießt, einen Spaziergang machst oder eine Runde schwimmen gehst, um Deinen Geist nicht zu überlasten, sondern offen zu halten für die Eingebungen „von oben", was es für Dich noch zu wissen oder zu tun gibt. Impulse, die Dir immer wieder den Weg weisen und die Du deshalb wahrnimmst, weil Du Dir die Zeit dafür nimmst. Zeiten der Stille, des Lauschens.

Das Leben fühlst sich leicht an und jede Zelle spürt das. Dein Herz ist genährt, weil Du gut mit ihm verbunden

# 5. Die Königin und ihre Kraftquellen

Mutter Natur – Rhythmus – Universum – Stille – barfuß – geerdet – Bewegung – Mondin – Sternenhimmel – Schöpferin - Erntezeit


Als Königin weißt Du, wie wichtig es ist, immer wieder dafür zu sorgen, dass Du in Deiner Kraft bleibst. Du kennst und nutzt Deine Kraftquellen. Das kann zum Beispiel Bewegung sein, Saunagänge, Massagen, Meditation, Natur, der Umgang mit Tieren, ein Treffen mit gleichschwingenden Menschen, das Ausleben Deiner Kreativität.

Eine Königin bewegt sich gerne in der Welt, um andere zu bewegen, dies verlangt ihr aber auch viel Kraft ab und deshalb ist Rückzug ein wichtiges Ritual. Vom Tun ins Sein kommen, vom Verdienen ins Empfangen immer wieder, ganz bewusst. Die Balance der uns innewohnenden männlichen und weiblichen Energien. Von außen nach innen gehen, vom geschäftigen Treiben in die Stille des Spürens.

In der Stille kannst Du Dich immer wieder verbinden mit dem größeren Ganzen, ob Du es Universum, Gott / Göttin oder anders nennst ist dabei völlig egal. Du kannst Verbindung mit unsichtbaren, lichtvollen Kräften aufnehmen und in einer vertrauensvollen Hingabe ans Leben alles Tun und alle Anstrengung loslassen.

Es gibt viele verschiedene Kraftquellen. Eine der wichtigsten, gerade heute, ist Mutter Natur. Sie zeigt Dir, was es heißt sich einem Rhythmus hinzugeben. Hier wirken alle Kräfte ganz im Moment. Sonnenaufgänge, Sonnenuntergänge, Vogelkonzerte, Wasserplätschern,

Wald, ein See, das Meer, die Berge. Stell Dir weiter vor, Du bist so im Einklang mit dem Leben, dass Du diese Verbindung zu Deinem Kraftort Natur täglich auslebst. Jeder Tag fühlt sich wie der beste Urlaubstag an, an dem Du einfach Sein darfst, die Natur genießt und Dich wohl fühlst. Du spürst die Verbundenheit mit dieser Kraftquelle, verbringst viel Zeit draußen und fühlst Dich absolut lebendig. Die Wunder der Natur erlebst Du täglich mit all Deinen Sinnen und bist dadurch tief genährt und eingebunden

Die Natur ist Deine persönliche Energietankstelle und durch nichts wirklich zu ersetzen. Das weißt Du und das lebst Du!

# 6.  Die Königin und ihr Paradies

Zuhause – Wohlfühlen – Seelennahrung – weich einladend – gemütlich – Energieoase – hochschwingend ankommen – Ruhe – Inspiration - Paradies


Neben der Natur als Kraftquelle ist es auch das eigene Zuhause, in dem eine Königin sich fallen lassen und Kraft tanken kann – sofern Du nicht zu den Weltenbummlern unter den Königinnen zählst.


Als Königin weißt Du, dass „Detox" nicht nur für Deinen Körper ein wichtiges Thema ist, sondern auch für Dein Zuhause. Du bist Dir bewusst, dass jeder Gegenstand Energie verkörpert und bindet. Ein Ausmisten und Aufräumen sorgt nicht nur für Klarheit im Außen, sondern lässt Dich auch innerlich zur Ruhe kommen.
Auch weißt Du um die Wichtigkeit von so weltlichen Themen wie Schutz vor E-Smog oder dem Wert von vitalisiertem Wasser und erholsamem Schlaf. Um diese Themen kommst du einfach dauerhaft nicht mehr herum, wenn Du Deinen Körper stark halten willst. Weil die Einflüsse, die durch die Veränderungen der Außenwelt auf uns einwirken, immer stärker geworden sind, braucht es ein bewusstes Umgehen damit statt ein Ignorieren. Der Fortschritt der Technik war in den letzten Jahrzehnten rasant und all das ist auch Energie, messbar u.a. als elekromagnetische Felder, die uns seitdem immer stärker umgeben. Mache Dir jetzt einmal bewusst, wie viele Informationen in Dein Zuhause kommen durch die weltweite Vernetzung über das Internet, durch unzählige Fernsehprogramme und Apps. Auch all das ist Energie,

Klarheit im sichtbaren Bereich – alle Dinge haben ihren Platz – ist es gleichzeitig so gemütlich und geradezu umhüllend, wie eine wärmende Decke. Dein Energielevel steigt mit Betreten Deines Zuhauses sofort an, denn hier schwingt alles hoch. Das spürst Du an der Luft, an der Atmosphäre, alles fühlt sich so rein an. Und das siehst Du mit jedem Gegenstand, denn auch die Dinge Deines Umfelds sind gut von Dir ausgewählt und unterstützen Dein Wohlbefinden von Körper, Geist und Seele.

Du hast Dir Plätze für Deine verschiedenen Bereiche geschaffen, die Dich immer genau darin unterstützen, welche Energie Du dort brauchst.

Dein Eingangsbereich heißt Dich willkommen und fühlt sich wie eine liebevolle Umarmung zur Begrüßung an.

Dein Badezimmer ist der Ort, wo Du die Beziehung zu Deinem Körpertempel ehrst und genauso schaut es auch aus. Rein, edel und gemütlich.

Deine Küche symbolisiert Vitalität und Frische, genau wie Deine Nahrung.

Dein Schlafzimmer strahlt Ruhe aus, ist ein Ort, an dem Du entspannst und Deinem Körper wohltuende Auszeiten gönnst. Klar und ruhig ist die Einrichtung, nichts lenkt Dich ab. Du hast dabei auch für einen auf allen Ebenen störungsfreien und geschützten Schlafplatz gesorgt, so dass Du morgens erholt und voller Vitalität in den Tag starten kannst.

Dein Wohnzimmer entspricht Deinen Bedürfnissen, je nach Lebenssituation. In jedem Fall ist es dort gemütlich, seelenkuschelig und lädt zum längeren Verweilen und Austauschen, Lachen und sich begegnen ein.

Wenn Du in einer Partnerschaft lebst, dann hast Du Dir vielleicht sogar den Luxus eines „Begegnungsraumes" gegönnt. Ein Raum, in dem ihr

Folge der Liebe. Lass Dein Herz erfüllt sein von diesem Gefühl, das Dich automatisch in eine Verbundenheit führt. Unabhängig von Partnerschaft, Freundschaft, Familie, ist die Liebe die Grundkraft des Göttlichen, das sich durch uns ausdrücken will und darf.

Folge der Freude, sie ist eine direkte Wegbegleiterin der Liebe. Lass sie Dein stetiger Begleiter sein. Du spürst sie schon beim Aufwachen, wenn Du Dein Leben in Besitz genommen hast und es manchmal kaum erwarten kannst das Neue zu erschaffen. Und bei allem, was sich nicht danach anfühlt, was nicht dem Weg der Freude folgt, sorgst Du für die nötige Veränderung. Punkt.

Wenn Gesundheit bei Dir als Wert verankert ist, dann lebe das aus! Ganz! Jede Mahlzeit, jedes Getränk, Dein ganzer Tagesablauf basieren darauf, wenn Du Dich entschieden hast, dass Dir Deine Gesundheit wirklich, wirklich wichtig ist. Und könnte es überhaupt anders sein, wenn Dein Körper Dein Tempel ist? Sobald Du Dich für diesen Wert entschieden hast, veränderst Du bewusst alles, Schritt für Schritt, was dem Weg der Gesundheit nicht dient. Lass Deine Selbstliebe so stark werden, dass Du gar nicht anders kannst, als Dich bestmöglich um Dich und Deinen Körper zu kümmern. Sieh dabei nicht gleich den großen Berg, sondern beginne einfach loszulaufen und umzusetzen. Vielleicht brauchst Du mehr oder andere Bewegung. Oder Entspannung für Körper, Geist und Seele. Beginne heute und warte nicht mehr, denn worauf willst Du warten?

Wenn einer Deiner Werte Freiheit ist, dann legst Du alle Fesseln ab, die Dich in diesem Leben mit einem unguten Gefühl binden. Was auch immer sich zu eng, zu eingesperrt, zu ohnmächtig anfühlt, schau es Dir an und finde das alternative Bild dazu. Wie sieht es aus und fühlt sich an, wenn Du Freiheit wirklich leben würdest. Du erschaffst Dir ein Leben, das auf diesem Wert aufbaut und sich einfach nur frei anfühlt. Denn dann fühlst Du Dich wirklich lebendig.

Entspreche Deinen eigenen Werten, weil Du es Dir wert bist. Deine Werte zu leben bedeutet, mit Deiner Seele in Kontakt und im Einklang zu sein. Es ist Selbstliebe auf ganz hohem Niveau. Du weißt tief in Dir ganz genau bei jedem Wert, welche Entscheidungen das für Dein Leben bedeutet. Wichtig ist, dass Du den Lärm der Außenwelt abstellst, um Deine Werte zu finden. Denn sie sind ein Ausdruck Deiner ganz eigenen Seelenfarbe und wollen nicht durch Konditionierungen, Manipulationen oder Beeinflussungen geformt werden. Vergiss alles, was man dir beigebracht hat, was nicht „geht". Um Deine Werte zu finden, braucht es eine Verabredung mit Dir selbst, oder auch zwei oder drei. Nimm Dir die Zeit, dass Deine Seele sich weit anfühlen, ausbreiten darf und Du ihre Stimme vernimmst. Nimm Dir die Zeit, dass Deine Seele wieder mit Dir sprechen kann. Zeit für den wichtigsten Menschen in Deinem Leben, für Dich selbst.

**Erinnere Dich
an Deine Werte und werde authentisch**
Es ist wieder einmal Zeit, diesen königlichen Zustand zu spüren, einzuladen in Dein Leben.
Also mache es Dir erneut bequem, entspanne und spüre wie es sich anfühlt, wenn Du Dir Deiner Werte völlig bewusst bist und jede Deiner Entscheidungen von ihnen

# 8.  Die Königin und ihre Sprache

Sprache schwingt, jedes Wort hat eine bestimmte Schwingung, eine Frequenz. Es besteht aus Energie. Du weißt bestimmt selbst um die Macht der Worte und hast sie schon unzählige Male erlebt.

In frühen Jahren habe ich sehr viel mit dem kinesiologischen Muskeltest gearbeitet und es war immer wieder faszinierend zu sehen, wie ein „Ja" eine starke Rückmeldung gegeben hat und ein „Nein" eine Schwächung unseres Energiesystems zur Folge hatte. Zwei einfache Worte mit völlig unterschiedlichen Schwingungen. Das bedeutet übrigens nicht, dass ein „Nein" schlechter ist,  es hat absolut seine Berechtigung, wirkt eben nur anders.  Du weißt selber, dass ein „Nein" zu Deinem Gegenüber eine Grenze darstellt, statt zu verbinden, ein Stopp.  Ein innerliches „Nein" zu welchem Thema auch immer bedeutet eher einen gewissen Widerstand,  statt  ein  bedingungsloses Annehmen. Denke nur einmal an die Trotzphase eines Kleinkindes

Im wirklichen Flow des Lebens sind wir, wenn unser „Ja"  überwiegt. Wir haben dann Menschen um uns herum, die uns wohlgesonnen sind und haben uns Umstände geschaffen, die wir zutiefst annehmen können. Dadurch ist nur noch manchmal ein klares „Nein" nach außen nötig.

Hast Du dich schon einmal mit der wunderbaren Arbeit von Masaru Emoto beschäftigt? Er hat uns über das Sichtbarmachen von Wasserkristallen und deren unterschiedliche harmonische oder auch ungeordnete Formen gezeigt, wie sehr Wasser Informationen

## Erinnere Dich
## an die Macht Deiner Worte

Stell Dir vor und spüre wieder mit Deinem Herzen meine achtsam gewählten Worte.

Du wachst morgens auf und bist umhüllt von einem Gefühl der Liebe, das dafür sorgt, dass Du Dich weich und wohlig fühlst. Die ersten Worte Deines Tages sind Gedanken und Du weißt, dass sie die Basis sind. So sind sie liebevoll, positiv und leicht, denn Du wählst Deine Gedanken und Worte sehr bewusst und Deine Sprache ist wie eine Ode ans Leben geworden.

Begegnest Du einem Menschen, so schwingt in Dir ein tiefes „Ich sehe Dich", weil Du Dich mit Deinem Herzen verbunden hast und Dich somit mit allem verbunden fühlst. Entsprechend fließen die Worte des „Sehens mit dem Herzen" aus Dir heraus. Dein Wortschatz wirkt geradezu magisch erschaffend, weil Du bewusst wählst:

Liebevoll, Wunder-voll, herzberührt, leicht, öffnend, empfangend, Chancen, Möglichkeiten, Raum, Weite, angebunden, Ja, vertrauensvoll, Größe, Leuchten, schwingend, Möglichkeiten, Lösungen, Leichtigkeit…

Es gibt keinen Grund mehr, impulshaft schnell zu antworten, denn immer geht das Spüren der Verbindung mit Deinem Herzen voraus. Deine Worte sind ein Ausdruck Deiner hoch schwingenden Frequenz geworden. Durch diese ist um Dich herum ein Leben entstanden, das sich geradezu magisch entwickelt hat. DEIN Leben, das genau zu Dir passt.

Sprache ist ein Transportmittel für Deine Liebe geworden.

# 9. Die Königin und ihre inneren Weggefährten

Bevor ich mich anschließend der Liebe und ihrer besten Gefährtin, der Freude widme, lass uns zunächst einen kleinen Exkurs über Emotionen generell machen:
Schauen wir uns die Emotion Wut an. Etwas passiert im Außen. Nehmen wir an, jemand sagt etwas zu Dir, was Dir nicht gefällt und Wut kommt in Dir auf. Jetzt gibt es zwei mögliche innere Haltungen zu Deiner Wut:

1. Dein Gegenüber macht Dich wütend durch seine Worte bzw. sein Verhalten.

oder

2. Du bist Dir der Tatsache bewusst, dass Du wütend wirst, weil Dich durch Dein Gegenüber etwas angetriggert hat, was innerlich noch ein Thema bei Dir ist. Dein Gegenüber hat diesen Knopf „nur gedrückt".

Das sind zwei völlig verschiedene energetische Plätze, die Du einnehmen kannst. Im ersten Fall gibst Du Deine Macht an Dein Gegenüber ab und bist somit innerlich in einer Opferrolle. Du machst Dein Gegenüber dafür verantwortlich, wie es Dir geht. In dieser Version entscheidet das Handeln eines anderen Menschen darüber, ob Du Dich gut oder schlecht fühlst. Du bist emotional abhängig vom Verhalten anderer Menschen
Im zweiten Fall bist Du Dir bewusst, dass Du die Verantwortung über Deine Gefühle hast, weil sie ja in Dir entstehen. Du kannst Du Dir anschauen, was Dein noch ungelöster / ungeheilter Anteil ist, der in diesem Fall

die Emotion in Deiner Vorstellung mit Deinem Atem, bis es sich in Dir wieder ruhiger anfühlt.
Sollte die Kraft der Wut bestehen bleiben, so kannst Du etwas zeitversetzt in ein Kissen schreien, wild tanzen oder Dich auspowern. Jedenfalls richtest Du Wutenergie nicht mehr gegen einen anderen Menschen.

Wenn du einmal erkannt hast, dass niemand die Macht über Deine Emotionen hat außer Dir selbst, dann bist Du auch die Königin über Deine Gefühlswelt.
Erst dann, wenn Du bereit bist, die volle Verantwortung über Deine Emotionen zu tragen, erst dann kannst Du eine wirklich freie Schöpferin sein.

In meiner Vorstellung sind Emotionen und Gefühle Weggefährten, die mit mir kommunizieren. Je nachdem um welches Gefühl oder welche Emotion es sich dabei handelt, kann es mir Themen aufzeigen, mich fordern oder unterstützen. Vor allem jedoch sind viele davon Weggefährten, für die ich mich auch aktiv entscheiden kann, mich von ihnen durch den Tag begleiten zu lassen.
Hast Du schon einmal bewusst gespürt, mit welchem Grundlebensgefühl Du durch den Tag oder sogar Dein Leben gehst? Gefällt Dir dieses, unterstützt es Dich, macht es Dein Leben leichter?
In meinen Workshops empfehle ich den Teilnehmerinnen immer, dass sie beginnen, sich direkt morgens zu entscheiden, welche Weggefährten sie mit in den Tag nehmen möchten und sich mit diesem Gefühl direkt am Tagesbeginn zu verbinden, es zu spüren mit jeder Zelle. Es geht darum einen inneren Zustand zu erzeugen, der dieses Gefühl in jede Zelle schwappen lässt. Und es gibt so viele bereichernde Weggefährten:

„ *Ich sehe Dich, Königin.* “

# 10. Die Königin und ihre äußeren Weggefährten

**Seelenverwandt – Soultribe – herzverbunden gleichschwingend – nährend – fördern - zusammen unterstützen - bedingungslos – gemeinsam**

Wenn Du zur Königin erwachst und dauerhaft leuchten willst, dann brauchst Du Menschen um Dich herum, die Dich wirklich sehen, Menschen die Dich vorbehaltlos unterstützen.

Eine strahlende Königin hat ihre Seelengefährten, Menschen die nicht in Frage stellen, was sie wahrnimmt. Menschen, die wissen, dass eine Königin Unterstützung braucht, um ihre Seelenaufgabe ausleben zu können. Und es sind Menschen, die ähnlich hoch schwingen, wie die Königin selbst. Dieses Gleichschwingen ist so wichtig, denn es sorgt dafür, dass Du im Austausch, im Gespräch und in gemeinsamen Begegnungen keine Energie verlierst. Ganz im Gegenteil, bei gleichschwingenden Menschen verstärkt sich die Energie scheinbar von selbst, so dass alle genährt aus einer solchen Begegnung hervorgehen. Gespräche, Ideen, Inspirationen fließen wie von selbst und niemals wird eine Königin dauerhaft Menschen in ihrem Umfeld haben, die Zweifel an ihren Ideen haben, sie kleinreden oder „ausbremsen" wenn die Inspiration kommt. Ganz im Gegenteil, zusammen sind die Königin und ihre Weggefährten genial.

etwas Gutes einzusetzen. Im Sinne des Großen Ganzen. Alles fügt sich und es gibt kein Zurück. Und weil wir Königinnen wissen, dass die Zeit drängt, die Welt uns jetzt braucht, zögern wir nicht länger. Sobald ein Schritt klar ist, machst auch Du ihn, in Vertrauen und voller Hingabe. Denn unsere Zeit ist JETZT!

Tränen in die Augen schickt, weil Du dieses Wunder tief in Dir spürst, das unser aller Leben im Ursprung ausmacht. Die Verbindung zur Quelle unseres Seins.
Der Weg einer Königin führt immer auch in die Herzheilung, um der Liebe den Weg frei zu machen.

„Deine Aufgabe ist es nicht,
 nach Liebe zu suchen,
 sondern nur,
 alle Barrieren in Dir selbst zu entdecken
 die Du gegen sie errichtet hast."

(Rumi)

Eine erwachte Königin ist so mit ihrem Herzen verbunden, authentisch, dass die Liebe durch sie wirkt, egal in welchen Begegnungen.
Selbst im alltäglichen Tun, wie z.B. beim Einkaufen, leuchtet eine erwachte Königin in ihr gesamtes Umfeld hinein, auch zu Menschen, die sie nicht persönlich kennt.
Betritt eine erwachte Königin einen Raum, dann ist das so, als wenn dieser Raum plötzlich heller wird, geradezu leuchtet, nur durch ihre Anwesenheit, weil die Kraft der Liebe durch sie wirkt.

Ich persönlich habe eine Zeitlang täglich mit dem Bild gearbeitet, mich in meinen inneren Herzgarten zu begeben, ihn mir anzuschauen und dort zu verweilen. Das, was sich am Anfang ungewohnt und aus dem Verstand kreiert angefühlt hat, ist zu einer liebgewonnenen Gewohnheit geworden, die mich ganz schnell ins Fühlen bringt. Heute reicht meistens ein kurzer Moment des bewussten Spürens in die Verbindung zu meinem Herzen.

Ich sprudel oft regelrecht über vor lauter Liebe, die durch mich zu fließen scheint und mich und auch mein Umfeld nährt. Es ist eine unbändige Lebensfreude die manchmal so stark wirkt, dass mir Tränen des Berührtseins über die Wangen laufen, beim Anblick eines Schmetterlings oder beim Tanzen im Garten. Es sind ganz kleine Glücksmoment im Außen, die ich voller Dankbarkeit tief in mein Herz sinken lasse.

Diese Verbindung entsteht Stück für Stück, wenn Du wieder Deiner Seele lauschst, wenn Du innehältst und Dir Zeit nimmst für Dich selbst. Wie eine Freundschaft oder Beziehung, die mit der Zeit immer stärker wird. Wenn Du in der Verbindung mit Deinem Herzen bist, dann schwingst Du automatisch höher. Die Frequenz der Liebe schwingt hoch und strömt durch Dein Herz hinaus in die Welt. Und weil das Gesetz der Resonanz immer wirkt, ziehst Du gleichzeitig geradezu magnetisch noch mehr Liebe, Freude, Menschen und Gelegenheiten an, die ebenfalls hoch schwingen. Das Leben fühlt sich plötzlich leicht an und hat doch auch eine nie dagewesene Tiefe.

Gleichzeitig mit der Liebe wirkt immer auch eine tiefe Freude am Leben. Diese Freude braucht keinen Auslöser im Außen, sondern es ist eine Lebensfreude, die einfach so da ist, sobald Du mit Deinem Herzen verbunden bist und in Liebe schwingst. Diese Kräfte pulsieren wahrhaftig durch Dich.

Es fühlt sich an wie Magie und wenn du das einmal erlebt hast, dann weißt Du wovon ich spreche.

## Erinnere Dich
## an Dein liebendes Herz

Nimm Dir nun wirklich Zeit, Du Liebe, um Dich bewusst mit Deinem Herzen zu verbinden.

Hol Deine Aufmerksamkeit so weit wie möglich aus dem Außen weg und lenke sie nach innen, indem Du zunächst Deinen Körper spürst, Deine Atmung beobachtest und Deinen Herzschlag wahrnimmst.

Ich lade Dich ein, Dir dafür vorzustellen, wie Du in Deinen Herzraum trittst als einen wundervollen, blühenden Garten in höchster Pracht und Schönheit. Während Du durch diesen Garten läufst, bewunderst Du diesen lebendigen Reichtum in all seiner Schönheit. Hier, mitten in dieser bunten Fülle, steht Dein Thron und Du setzt Dich hinein. Sobald Du Platz genommen hast, wird Dein ganzer Körper durchflutet von einem wunderschönen Gefühl. Dir wird ganz leicht und wohlig warm, denn es wirken plötzlich weder Vergangenheit noch Zukunft, sondern Du bist in diesem Moment nur mit Dir im Hier und Jetzt. Es gibt nichts zu tun. Du sinkst in einer tiefen Entspannung geradezu in Dein eigenes Sein und Du spürst, wie sich in Deinem Herzen die Liebe bemerkbar macht, dieses Gefühl, das sich einfach anfühlt, wie Zuhause ankommen. Und diese Liebe beginnt sich auszudehnen, aus Deinem Herzraum heraus in alle Richtungen. Mit jedem Deiner Herzschläge wird diese Liebe stärker, berührt Dich selbst und pulsiert gleichzeitig nach außen. Du spürst einen tiefen nie zuvor wahrgenommenen Frieden, denn in Dir löst sich mit jedem Ausatmen der Widerstand dem Leben gegenüber auf, bis er nicht mehr existiert. Du öffnest Dein Herz und lässt Deine Liebe erstrahlen. Diese bedingungslose Liebe ist das große „JA“ zum Leben. Lass dieses Gefühl einfach zu und mit jedem Atemzug immer stärker werden. Der so anstrengende innere Kampf, den Du Dein Leben lang gekämpft hast ohne überhaupt zu wissen, wogegen genau, ist vorbei. Du spürst erst jetzt, wo diese Anspannung aus Deinen Zellen geht, wie anstrengend das alles war. Deswegen bist Du bereit, in einer geradezu heiligen inneren Haltung, Dein Schwert abzulegen und es gegen Dein Zepter zu tauschen. Ab jetzt und für immer. Willkommen, Liebes, Du bist endlich angekommen.

„*Öffne Dein Herz und
lass Deine Liebe erstrahlen.*"

# 11.  Die Königin und ihr König

Wenn ich hier über die Königin und ihren König schreibe, dann wähle ich bewusst den weiblichen und männlichen Pol, um grundsätzliche archaische Energien zu beschreiben. Alle Facetten, die es in diesem Bereich gibt verdienen Respekt und Toleranz, jedoch sind sie nicht Teil meines Buches.


Ich schreibe erst jetzt über die Königin und ihren König, denn in einer wahrhaft gekrönten Beziehung braucht es die tiefe Herzverbundenheit und bedingungslose Liebe, die ich im vorherigen Kapitel beschrieben habe. Nur dann gibt es keine Dramen mit gegenseitigen Verletzungen mehr.

Wenn eine Königin sich für eine Paarbeziehung entscheidet, dann ist auch diese Beziehung etwas ganz Besonderes.

Eine Paarbeziehung ist für eine Königin der Spiegel ihres Herzens und zeigt ihr wie weit ihr Herz schon geheilt ist. Dessen ist sie sich bewusst und dieser Blickwinkel ermöglicht es ihr weiter zu heilen und zu wachsen. Sie weiß, dass nur ungelöste emotionale Wunden zu Dissonanzen mit ihrem Partner führen können. Und alles, was durch ihren Partner in ihr Emotionen wie beispielsweise Wut hervorruft, nimmt sie bewusst wahr und ist bereit über sich selbst zu lernen. Bedingungslose Liebe will nie den anderen verändern und macht nie Dein Gegenüber für Deine Gefühle verantwortlich.

Nichts im Außen begegnet uns zufällig, sondern hat immer mit uns selbst zu tun. Das ist das Resonanzprinzip des Universums. Kein Partner ist einfach so Dein Partner.

Du bzw. Ihr habt gewählt und das, weil sich bestimmte Muster, Themen und Frequenzen wie Magnete angezogen haben. Die Liebe gibt euch nun die Möglichkeit, diese Muster in Liebe anzuschauen und aufzulösen, zu wachsen. Doch achtsam, Du bist nur für Deinen Weg verantwortlich und nicht für den Deines Partners. Denn wenn eine Königin sich all dessen bewusst geworden ist, dann gibt es nichts im Partner zu verändern oder gar zu bekämpfen, sondern alles lenkt den Blick einer Königin nach innen, auf ihre eigenen Themen. So ist viel Herzheilung möglich. Und wenn der Mann an ihrer Seite mitschwingt natürlich auch für ihn, sofern er selbst bereit ist.

Je nachdem in welcher Phase ihres eigenen Erwachens eine Königin ihren Partner gewählt hat, kommen kleinere oder eben auch größere Herausforderungen und Themen auf der emotionalen Ebene innerhalb der Partnerschaft zum Vorschein.

Wie schon gesagt ist das der perfekte Raum für Deine Herzheilung.

Falls Dir jetzt ein „Ja, aber er...“ durch den Kopf gehen sollte, halte kurz inne, werde still, entspanne Dich und lausche weiter. Liebe, das Bindeglied zwischen einer Königin und dem Mann an ihrer Seite, ist bedingungslos. Das bedeutet täglich und aufs Neue 100 % „Ja“ zu sagen zu Deinem Partner und Eurer Beziehung. Es sei denn, Du kommst irgendwann zu einer anderen klaren Entscheidung. Dafür braucht es jedoch keine Dramen mehr, glaube mir und spüre jetzt hinein.

# Erinnere Dich,
## an eine wahrhaft gekrönte Paarbeziehung

Nimm Dir Zeit und schließe Deine Augen. Du spürst bewusst Deinen Körper und beobachtest Deine Atemzüge, jedes Ausatmen ist ein Loslassen. Du lässt alle Anspannung und alle Erwartungen los. Nimm Deinen Herzschlag wahr und beginne Dich auf Deine ganz eigene Art mit Deinem Herzen zu verbinden. Du begibst Dich auf diese Reise nach innen, auf der Du alles bisher Gelernte wieder vergisst. Das Neue, das durch Dich entstehen will ist auch jetzt wieder ein Erinnern aus dem tiefsten Urgrund Deiner Seele. Gleichzeitig greift dieses Erinnern nicht auf Deinen bisherigen Erfahrungsschatz zurück. Atme, Liebes, und werde aus dem Herzen heraus ganz weit, um dem Erinnern Deiner Seele Raum zu geben.

Spüre dann Liebe und Dankbarkeit in Deinem Herzen. Du bist eine erwachte Königin und leuchtest aus Deinem Herzen heraus in die Welt. Jeden Tag erlebst Du als Geschenk. Das strahlst du mit Deinem ganzen Sein aus und genau mit diesen Augen siehst Du auch Deinen Partner. Du hast ihn bewusst gewählt, er ist für Dich nicht selbstverständlich und Dein „Ja" zu ihm ist bedingungslos, auch wenn er nicht perfekt ist. Denn das muss er gar nicht sein, genauso wenig wie Du. Du bist nicht dem Bild von einem „Traummann" hinterhergelaufen, sondern hast von Anfang an Deinem Herzen erlaubt zu spüren, wie es sich anfühlt, in der Nähe dieses Mannes zu sein. Statt Deinem Verstand die Auswahl zu überlassen oder ihm zu erlauben sich dabei einzumischen, hast Du mit ganzem Herzen einfach gefühlt und gewählt. Du und Dein Partner erlaubt Euch gegenseitig Euch absolut authentisch zu zeigen und vollkommen ehrlich miteinander zu sein. Genau das macht Eure Herzverbindung aus.

Wenn ihr Euch tief begegnet, dann braucht es keine Worte, denn ihr fühlt Euch. Du fühlst Dich anders mit ihm, das FrauSein in Dir schwingt hoch und bereitet Dir noch mehr Freude als ohnehin schon.

Dankbar erlebst Du durch ihn in voller Kraft Deine eigene Weiblichkeit, in der Du empfangen darfst, sanft und weich. Nicht, dass Dir ohne ihn etwas aus einer Bedürftigkeit fehlen würde. Doch der männliche Gegenpol im Außen tut der Frau in dir einfach gut. Die Energien können geradezu miteinander tanzen. In seiner Nähe fühlst Du Dich so sicher, dass Du ganz loslassen kannst und Dich selbst als Frau völlig neu erlebst. Die tief sitzende Angst vor dem Männlichen, die von Generation zu Generation quasi in den Zellen weitergegeben wurde, bist Du bereit loszulassen. Du erlaubst Dir Deine eigene Weiblichkeit regelrecht zu entfesseln, zu heilen und zu entfalten. Eine Weiblichkeit, nach der sich diese Erde so sehr sehnt. Du durchbrichst diesen karmischen Kreislauf, weil Du auch auf dieser Ebene eine Sehnsucht in Dir spürst. Du spürst, dass die Zeit reif ist und Du bereit bist, das Neue durch Dich wirken zu lassen.

Dieses geheilte FrauSein ist ein Feld, das es dem Mann erlaubt ebenfalls eine neue Männlichkeit zu entdecken und auszuleben. Endlich nicht mehr unbewusst zurückgewiesen, sondern bedingungslos empfangen zu werden, das war seine tiefste Sehnsucht, selbst wenn er diese nicht hätte in Worte fassen können. Er spürt jetzt durch Dich, was ihn zutiefst berührt, nämlich die Verbindung zu seiner eigenen Seele. Indem Du ihn bedingungslos annimmst, kann er das zum ersten Mal auch und er lässt das Gefühl nicht genug zu sein los. Durch diese bedingungslose Liebe wächst er quasi über sich hinaus und wird zu einem neuen Mann geboren. Der König erhebt sich an deiner Seite, seiner Königin.

Ihr krönt gegenseitig die Paarbeziehung, für die Ihr Euch entschieden habt und ehrt die Liebe als die Kraft, die durch Euch wirkt.

Liebe gibt Raum für das jeweilige einzigartige Sein des Anderen. Ihr seid in Eurer Liebe völlig frei und entscheidet Euch doch jeden Tag bewusst wieder füreinander.

Gemeinsam erschafft ihr also ein Feld, in dem uralte Wunden heilen können und ihr Euch selbst ganz neu entdeckt und entwickelt.

Angekommen in Dir kannst Du nun endlich auch ganz an der Seite Deines Königs ankommen. Es geht auf Dauer gar nicht anders, wenn Du erwachst. Außer Du wählst bewusst das Alleinsein im All-eins-sein.

Die Zeitqualität macht es möglich, dass Mann und Frau sich jetzt auf eine ganz neue Art und Weise begegnen können. Heilung in diesem Feld ist ganz schnell möglich, wenn beide dafür offen sind. Spannend ist dabei, dass auch hier das Neue entsteht, indem wir vertrauensvoll dem folgen, was wir in uns spüren, wie einen unsichtbaren Wegweiser. Das Bild entsteht erst und ich bin mir sicher, dass daraus in den nächsten Jahren inspirierende neue Partnerschaften und Lebensformen entstehen, die uns Menschen völlig anders miteinander leben lassen: Miteinander, herzverbunden liebend.

*„Folge Deiner Sehnsucht, nimm
Deinen Seelenplatz ein und
hol Dir Deine Macht zurück.“*

# 12. Die Königin und ihr Weckruf

Ruf – Beruf – Berufung – Erfüllung – Fülle - Vision
Trommelschlag des Universums – Neue Welt – genial
Sehnsucht – Urvertrauen – Dienen - Lösungen – Flow
Herzensbusiness – Hüterin

Wir sind schon einige Etappen zusammen gegangen. Dir sind folgende Themen bewusst geworden und im besten Fall hast Du sie auch schon umgesetzt oder Du wirst es vielleicht sehr bald tun, weil es gar nicht mehr anders geht: Du ehrst Deinen Körper als Tempel Deiner Seele, kennst Deine Kraftquellen, Dein Zuhause ist Deine persönliche Energieoase und Du stehst auf Deinem inneren Kraftplatz, weil Du Dir Deiner Werte bewusst bist und diese lebst. Damit gehst Du automatisch immer weiter. Denn durch Deine Werte folgst Du der Sehnsucht Deines Herzens, Deiner Seele, sich auszudrücken. Und diesen Ausdruck findest Du auch über weise gewählte Worte, deren Macht Du verstanden hast. Bei all dem hast Du als treue Weggefährten immer die Liebe und die Freude in Dir, denn Du hast Dich wieder mit Deinem Herzen verbunden. Herzverbunden ist auch die Beziehung zu Deinen Weggefährten im Außen und wenn Du Dich dafür entschieden hast, in einer Partnerschaft zu leben, dann krönt Ihr Euch gegenseitig in ein neues Feld von Frau und Mann: Königin und König.
Und spätestens an dieser Stelle des Weges passiert etwas Besonderes, was allen Königinnen gemeinsam ist. Du spürst einen Ruf, der, wenn Du ihn einmal vernommen hast, Dich so sehr beschäftigt, dass Du nicht einfach

weiter machen kannst, wie zuvor. Dieser Sehnsucht, dem Ruf Deiner Seele zu folgen, ist so wichtig. Dafür darfst Du offen sein, mit geöffneten Händen lauschen, so dass Du den Trommelschlag des Universums mit Deiner Seele spürst und irgendwann Deine wahre Berufung in Dich hinein sinkt und Dich in Deinem ganzen Sein berührt. Jede Zelle fängt dann an freudig zu vibrieren

Ich selbst bin jahrelang der Sehnsucht meines Herzens gefolgt, weil ich gespürt habe, dass ich noch nicht ganz angekommen war auf meinem Platz, immer noch eine andere Aufgabe auf mich gewartet hat. Es war wie an der Oberfläche schwimmen, obwohl die Antwort nur durch ein tiefes Tauchen zu finden war. Erklären konnte ich das nicht wirklich, diese Sehnsucht, die mich manchmal unruhig werden ließ. Ich war immer wieder bereit in Hingabe zu empfangen. Keine Kompromisse, in einer Zeit, in der ich als selbständige Yogalehrerin, frisch getrennt, aus uns allen bekannten Umständen, nicht unterrichten durfte. Und ich verspreche Dir, dieser Weg hat mich geprüft. Ich durfte finanziell loslassen und mich allen Ängsten bezüglich Sicherheit stellen (zu dieser Zeit war ich nicht nur für mich verantwortlich, sondern auch für meine zwei wundervollen Söhne). Doch ich habe meinen Weg unbeirrt fortgesetzt und immer wieder um Unterstützung gebeten. Gesehen habe ich immer nur den nächsten Schritt, der Rest war eher ein Gefühl, das Vertrauen, dass auch der nächste Schritt sich richtig anfühlen wird, wenn ich auf meinem Weg bin.
Erinnerst Du Dich, wie ich Dir am Anfang des Buches die Entstehung von „Königinnenerwachen" in einer Meditation beschrieben habe? „Finde die Königinnen der

neuen Zeit“, war der Satz, der plötzlich da war, durch alle Mauern durch tief in mein Herz gesunken ist, vorbei an den Wächtern meines Verstandes und des Zweifels. Dieser für mich persönlich magische Satz, der mich seitdem führt und den ich als den Ruf meiner Seele bezeichnen würde ist mein Leitstern geworden.

Mit einer entscheidenden Meditation haben sich Stück für Stück alle Fragmente meines Berufslebens und meiner Lebenserfahrung zu einem großen Ganzen zusammengesetzt wie ein Puzzle, wo ich auf einmal das Motiv erkennen konnte. Entstanden ist ein inneres Bild – meine Berufung, das mein Herz täglich berührt und mich voller Freude tätig sein und meinen Weg vertrauensvoll gehen lässt, als Hüterin der neuen Frauen. Denn ich weiß, weil ich es mit jeder Zelle, mit jeder Faser meines Seins spüre:

Ich bin gekommen, um DICH zu erinnern. Daran zu erinnern, wer DU wirklich bist, warum DU DICH genau in diese Zeit inkarniert hast. In eine Welt hinein, die so im Wandel ist. In eine Zeit hinein, die ein Wendepunkt in der Menschheit ist und von uns einen Bewusstseinssprung fordert in das Neue hinein. Ich bin den Weg vorangegangen, gehe weiter in völliger Hingabe ans Leben und mache für Dich nun die Räume des Neuen auf, auch mit diesem Buch. Ich bin gekommen, um Dich nicht nur zu erinnern, sondern auch zu ermutigen Deiner Sehnsucht zu folgen. Lege Deine Zweifel und Dein Zögern ab. Wir werden gebraucht und haben dabei so viel unsichtbare Unterstützung von lichtvollen Kräften, wenn wir erst einmal losgehen. Habe Vertrauen in Deinen Weg, gib dem Leben ein großes „Ja“, bedingungslos.

Und jede Frau, jede Königin hat ihre ganz eigene Aufgabe: So kann es zum Beispiel sein, dass eine Musikerin plötzlich den Ruf verspürt, ihre Gabe mit heilenden Frequenzen in die Welt zu bringen.

Eine Erzieherin sieht sich eher als „Hüterin der Kinder", weil sie genau spürt, was eine gesunde glückliche Kindheit bedeutet und einen Rahmen kreiert mit einer naturverbundenen Begleitung für die neuen Kinder.

Eine Anwältin kann sich plötzlich vom Friedensweg gerufen fühlen und unterstützt Paare, die sich trennen, auf einem ganz neuen, bewussteren Weg.

Eine Physiotherapeutin wird plötzlich zu einer Hüterin der Körperweisheit und verbindet Menschen wieder mit ihrem Körperbewusstsein.

Und ebenso entstehen neue Berufe, weil sie jetzt gebraucht werden. Ich werde oft Hüterin der Neuen Frauen genannt, der Königinnen.

Wer bist Du? Wofür bist Du gekommen?

Wir Königinnen sind Vorreiterinnen, wir gehen voran in das Neue, zeigen anderen einen Teil des Weges. Vor allem zeigen wir, dass es möglich ist das Neue zu verkörpern. Gemeinsam erschaffen wir die Neue Welt, denn wir selbst sind die, auf die wir solange gewartet haben.

**Erinnere Dich
wofür Du wirklich gekommen bist, Königin:**

Dies ist Dein persönlicher Weckruf, also mach es Dir zum Abschluss noch einmal bequem. Atme tief und gleichmäßig, entspanne. Lass alles los, was Du bisher zu sein glaubtest und verbinde Dich mit Deinem Herzen, um folgendes Bild in Dir lebendig zu spüren. Es ist das Bild vom Anfang, doch inzwischen bist DU die Königin.

Ich lade Dich wieder ein, Dich zu erinnern und die nachfolgenden Worte vorbei an den Wächtern des Verstandes tief in Dein Herz sinken zu lassen.

Du kannst Dich jetzt mit Deinem Zukunftsselbst verbinden, mit der Version von Dir, die weiß warum sie sich inkarniert hat und es auch lebt.

Du, Königin, bist würdevoll, stark und in Dir ruhend und weißt Du um Deine Kraft und Macht, die Du bewusst und weise nutzt.

Wenn Du einmal zornig wirst, dann ist es ein heiliger Zorn, der Missstände aufzeigt, die Du nicht länger bereit bist hinzunehmen, ansonsten ruhst Du in dir selbst.

Demütig, dankbar und mit einem Herzen voller Liebe hast Du alle bisherigen Erfahrungen Deines Lebens integriert und nun Deine ganz eigene Aufgabe gefunden.

Du hast Deine Gabe, die Dir für diese Welt und diese Zeit mitgegeben wurde, aus vollem Herzen angenommen und Deine anerzogene falsche Bescheidenheit abgelegt, ebenso wie falschen Stolz, der sich wie ein Schutzwall um Dein Herz gelegt hatte, um Dir einen scheinbar sicheren Abstand zu geben. Der Schritt in Deine Größe hinein und ins Licht zu treten, um gesehen zu werden ist nicht aus dem Ego entstanden, sondern weil Du spürst, dass Du etwas zu geben hast.

Du bist eine Königin, die sich ihre Kraft und Macht zurückgeholt hat, Du bist Dir der jahrhundertealten, kollektiven Konditionierung der Abwertung des Weiblichen bewusst geworden. Und nein, das alles war kein einfacher Weg. Doch Du hattest keine Wahl. Du hast oft innerlich gelitten, doch Du bist weiter Deiner Sehnsucht gefolgt. Unbeirrt. Du hast gehofft und gespürt, dass es möglich ist, den Kreis des Leidens, den schon so viele Deiner Ahninnen gegangen sind zu durchbrechen. Und Du hast ihn durchbrochen.

Weil Du, Königin, Dich mit Deinem Zukunftsselbst verbinden kannst, ist Dein Schöpfen nicht länger mehr eine Fortsetzung der Vergangenheit. Durch Dich will etwas ganz Neues geboren werden in diese sich wandelnde Welt, in die Neue Welt. Du bist bereit gewohnte Wege zu verlassen, nicht weil es einfacher ist, sondern weil Du weißt, dass die alten Wege nicht mehr funktionieren. Dafür warst Du bereit, alles bisher Gelernte, Deine Konditionierungen und Glaubensmuster abzulegen, wie einen Mantel, der nicht mehr zu Dir passt, damit das Neue Raum bekommt.

Dieser innere Weg war keineswegs leicht. Du bist ihn dennoch gegangen mit Bewusstheit, Entschlossenheit und Mut. Es hat Dir ein „Sterben" abverlangt. Das Sterben Deiner Persona, Deines alten Selbst mit den uralten Konditionierungen und einengenden Glaubenssätzen von Schuld, Minderwertigkeit und Scham.

Und dann – mit einem absoluten Vertrauen ins Leben und einer Hingabe an Deine Gaben – bist Du innerlich gesprungen und wurdest Du „neugeboren" als Schöpferin des Neuen. Du hast Dein inneres Zuhause gefunden, Deinen Königspalast.

Es fühlt sich an, als wenn jeder Tag ein Fest ist. Jeden Tag wirst Du voller Freude wach, Die Vorfreude auf den Tag gleicht der Freude eines Kindes, das es kaum erwarten kann, weil Geburtstag ist oder die Fahrt in den Urlaub ansteht. Das Wort „arbeiten" ist Dir fremd geworden, denn es scheint einer völlig anderen Zeit, einer anderen Art zu leben anzugehören, ebenso wie Geld „verdienen" müssen. Du liebst einfach das, was Du tust. Als Königin lebst DU Deine wahre Berufung. Du kannst es kaum erwarten zu wirken und zu erschaffen, denn Du erschaffst bewusst als Schöpferin. Du gehst den Königinnenweg. Es geht dabei nicht um Geld und verdienen müssen, sondern darum auszuleben, was in dieser Zeit durch genau Dich ausgedrückt werden will. In Freude und Liebe. Das erfüllt Dich zutiefst.

Eine Erfüllung, die automatisch zu Fülle führt. Eine innere Führung, durch die Fügungen einfach geschehen. Flow, Fluss, Überfluss. Du bist auf DEINEM Seelenplatz für dieses Leben angekommen und die Geschenke des Lebens scheinen geradezu magisch zu Dir zu finden, in Form von guten Gelegenheiten, hilfreichen Menschen oder unterstützenden Ideen. Statt Dingen, Erkenntnissen oder auch nur irgendetwas hinterherzulaufen, um es zu erreichen oder zu bekommen, läufst Du nun „vorneweg", an der Spitze Deines Lebens, das sich wie von Zauberhand stetig weiterentwickelt. Alles, was dabei für Dich bestimmt ist, kommt zu Dir. Weil der Weg so neu ist, kannst Du ihn noch gar nicht ganz sehen, denn er wird nicht aus dem Alten geboren, sondern entsteht erst beim Gehen. Du siehst den nächsten Schritt, trägst eine Vision in Deinem Herzen, die Dich führt und Dich immer wieder spüren lässt, dass Du noch richtig auf Deinem Weg bist. Alles andere fühlt sich einfach nicht mehr stimmig an und die Zeit der Kompromisse, die Dich klein gehalten haben hast Du endgültig hinter Dir gelassen. Das ist der Königinnenweg, der sich Stück für Stück zeigt, sobald Du bereit bist und losläufst. Jede Entscheidung von Dir wird aus Deiner Mitte, Deinen Werten entsprechend in völliger Klarheit getroffen. Deshalb kannst Du nur noch genau da sein, wo Du gerade bist und das Leben trägt Dich genau da hin, wo Du hingehörst, in einen Raum, in dem Du Gleichgesinnte triffst. Es geschieht von ganz alleine, dass Dir Menschen begegnen, mit denen Du Dich von Anfang an verbunden fühlst und natürlich erkennen sich Königinnen untereinander sofort. Denn wir haben durch die Wahl unseres Weges einen Bewusstseinssprung in das Neue gemacht, in eine neue Welt, die von Menschlichkeit, Freude, Liebe und Gemeinschaft getragen wird. Du agierst nur noch aus diesem neuen Feld heraus und selbst wenn Du in Deinem Tätigkeitfeld bleiben solltest, verändert sich etwas ganz tief in Dir und durch Dich.

Also erinnere Dich, folge Deinem Ruf, auch wenn Du das Ende dieses Weges noch nicht sehen kannst, weil es noch nicht existiert. Das Neue will auch durch Dich geboren werden. Uns Königinnen ist es geradezu eine Ehre, dem Universum, dem Göttlichen, dem Großen Ganzen auf diese Art zu dienen und im Gegenzug mit Fülle belohnt zu werden. Denn Fülle ist unser aller Geburtsrecht.

Und dieser Weg und die Entscheidung ihn zu gehen, um dich ganz auszudrücken, kann sich wirklich wie eine Geburt anfühlen. Es ist ein Prozess, der sich für Jede von uns unterschiedlich anfühlt und unterschiedlich lang dauert. Doch eines ist sicher. Ab einem gewissen Punkt kannst du nicht mehr zurück zu Deiner alten Version. Ab jetzt, wo Du Dich komplett angenommen hast und bereit bist zu gehen, hast Du eine ewig treue Weggefährtin gefunden. Die Liebe. Eine Liebe für Dich selbst, für die Menschen, ihre Wege, für das Leben ja die Existenz an sich. Und das macht Dich jetzt so leuchtend.

Du erkennst eine Königin am Strahlen ihrer Augen. Sie wirkt wie ein Leuchtturm in dunklen Zeiten.

Die Menschen, die ebenso eine Sehnsucht in ihrem Herzen spüren, suchen Deine Nähe – oft ohne wirklich zu wissen warum - denn hier können sie in Kontakt kommen mit der bedingungslosen Liebe. In der Nähe einer Königin kommt dieses „Alles ist gut-Gefühl" auf, ein Gefühl endlich gesehen zu werden ohne sich erklären zu müssen. Die Menschen wollen einfach nur eine Zeit lang in Deiner Nähe sein, sich entspannen und sich erinnern mit einem Berührtsein im Herzen.

Denn was auch immer Deine individuelle Aufgabe ist, eins ist uns allen gemeinsam. Königinnen inspirieren, laden ein an die eigene Größe zu glauben, wirken und bewirken Veränderung und geben der Vision von einer besseren Welt Raum. Egal wie sehr die Welt da draußen gerade verrückt spielt oder nicht mehr funktioniert. Oder sogar gerade deshalb.

Wir dürfen nicht aufgeben, uns nicht zurückhalten, denn die Menschen brauchen uns. Wir geben der Vison einer besseren Welt Raum und Gestalt und geben anderen so die Hoffnung, dass es möglich ist.

Spüre, wie es sich anfühlt, Dir Deiner Gabe, Deines Talentes, das Du mit in dieses Leben gebracht hast, bewusst geworden zu sein. Du bist bereit ins Licht zu

treten, Deiner Gabe Ausdruck zu verleihen und Dich in voller Größe zu zeigen. Dabei ist Dein Antrieb nicht vorrangig persönlicher Erfolg, sondern das Bewusstsein für etwas Größeres wirken zu dürfen und zu wollen.
Die Existenz will und darf sich in ihrer ganzen Schönheit auch durch Dich ausdrücken. Dafür sind wir Menschen da und Du spürst es.
Die Zeit drängt, die Welt da draußen erlaubt kein Warten mehr. Also lass uns gemeinsam loslaufen und mit der Veränderung beginnen, die ja an vielen Stellen schon begonnen hat. Die ersten Samen sind bereits gesät und beginnen zu wachsen.

Königinnen, ich rufe Euch, folgt Eurem Herzen, denn unsere Zeit ist JETZT. Lasst uns voran gehen und die Neue Welt erschaffen. Lasst uns die Männer ermutigen zu Königen zu werden und gemeinsam zu Dienern der Liebe werden. Lasst uns zusammen das Neue erschaffen. Weil wir es träumen können ist es möglich:


## Das Königreich auf Erden!


Für uns Frauen. Für unsere Männer. Für unsere Kinder.

Ich sehe Dich, Königin und ich bin
hier, um Dich an Deine Krone zu
erinnern.
Denn wir werden gebraucht und
unsere Zeit ist JETZT!

# DANKE!!!

Aus einem Herzen voller Dankbarkeit beende ich dieses Buch und hoffe, dass Du Dich ermutigt fühlst, Deiner Sehnsucht zu folgen. Ich weiß, dass es ein regelmäßiges Erinnern braucht, also lass dieses Buch am Besten in Deiner Nähe liegen und schaue immer mal wieder hinein.

Wenn es Dich inspiriert hat, dann erzähle gerne den Frauen in Deinem Umfeld davon. Denn was Du gerade in Deinen Händen hältst ist ein Schatz, der geteilt werden darf. Er kann den Funken im Herzen zum Leuchten bringen. Damit viele Frauen ihren Platz finden und wir endlich erkennen, dass wir selbst gemeinsam die Veränderung auf dieser Erde sind, die so dringend gebraucht wird.

Es ist nur ein kleines Buch und doch vielleicht der Anfang Deines Weges als Königin, die Du verdient hast zu sein.

Und wenn Du magst,  erinnern wir uns gemeinsam weiter:


Auf meiner Website findest Du weiter Infos über mein Wirken, so auch alle aktuellen Veranstaltungen, wie z.B. Yoga-Retreats, Workshops oder  Lesungen:
Schicke mir eine email mit Deinem Namen und dem Text „Newsletter" und Du bekommst ab und zu Neuigkeiten von mir.
Falls Du Dir kraftvolle persönliche Unterstützung auf Deinem Königinnenweg wünschst, kannst Du mich  und mein Team ebenfalls per email kontaktieren. Ich begleite immer wieder einzelne Königinnen individuell auf ihren Seelenplatz, in ihre Berufung.. Die Plätze hierfür sind begrenzt und sehr begehrt. Melde Dich, wenn Du den Ruf in Deinem Herzen spürst.


www.koeniginnenerwachen.de
kirsten@koeniginnenerwachen.de


Wir freuen uns, von Dir zu hören!